AF586854

COMMISSION DE GOUVERNEMENT
POUR
LES TRAVAILLEURS.

SÉANCE DU 20 MARS 1848.

PROJET D'ORGANISATION DU TRAVAIL.

A partir de ce jour, la Commission se trouve composée de dix délégués des ouvriers et de dix délégués des patrons, représentant les diverses industries parisiennes. Ont été appelées à la séance du 20 mars plusieurs personnes connues par la spécialité de leurs études, et choisies de telle sorte que toutes les théories, tous les intérêts pussent être interrogés dans ce solennel débat.

M. Louis Blanc. — Citoyens, nous allons agiter le plus grand problème des temps modernes. Nous avons fait appel à toutes les opinions, à toutes les lumières, afin que notre œuvre de justice commençât par l'impartialité.

Le mal présent est très-grand ; la nécessité du remède en sera mieux sentie.

Les entrepreneurs disent : « C'en est fait ! ce n'est pas seulement une monarchie, c'est une société qui s'en va. »

D'autre part, les ouvriers sont agités de pensées inquiètes : beaucoup ne veulent plus subir les anciennes conditions du travail.

Que faire ? Voici ce que nous proposons :

Aux entrepreneurs, qui, se trouvant aujourd'hui dans des conditions désastreuses,

viennent à nous et nous disent : « Que l'État prenne nos établissements et se substitue à nous, » nous répondrions : « L'État y consent. Vous serez largement indemnisés. Mais cette indemnité qui vous est due, ne pouvant être prise sur les ressources du présent, lesquelles seraient insuffisantes, sera demandée aux ressources de l'avenir : l'État vous souscrira des obligations, portant intérêt, hypothéquées sur la valeur même des établissements cédés, et remboursables par annuités ou par amortissement. »

L'affaire ainsi réglée avec les propriétaires d'usines, l'État dirait aux ouvriers : « Vous allez travailler désormais dans ces usines comme des frères associés; pour la fixation de vos salaires, il y a à choisir entre deux systèmes, ou des salaires égaux ou des salaires inégaux; nous serions partisans, nous, de l'égalité, parce que l'égalité est un principe d'ordre qui exclut les jalousies et les haines. »

On pourra nous objecter : « L'égalité ne tient pas compte des aptitudes diverses. » Mais, selon nous, si les aptitudes peuvent régler la hiérarchie des fonctions, elles ne sont pas appelées à déterminer des différences dans la rétribution. La supériorité d'intelligence ne constitue pas plus un droit que la supériorité musculaire; elle ne crée qu'un devoir. Il doit plus, celui qui peut davantage : voilà son privilége!

On pourra objecter encore : « L'égalité tue l'émulation. »

Rien de plus vrai dans tout système où chacun ne stipule que pour soi, où les travailleurs ne sont que juxtaposés, n'agissent qu'à un point de vue purement individuel, et n'ont aucune raison d'établir entre eux ce que j'appellerai le POINT D'HONNEUR DU TRAVAIL. Mais qui ne sent que, parmi des travailleurs associés, la paresse aurait bien vite le caractère d'infamie qui, parmi des soldats réunis, s'attache à la lâcheté? Qu'on plante dans chaque atelier un poteau, avec cette inscription : « *Dans une association de frères qui travaillent, tout paresseux est un voleur.* »

Nous ajouterons, en faveur du système de l'égalité dans la rétribution, cette considération, décisive à nos yeux : l'élection devant seule désigner, parmi les travailleurs associés, les directeurs des travaux, l'égalité du salaire prévient les candidatures que susciterait la convoitise dans le système d'inégalité. La capacité, alors, recherchera seule des devoirs plus difficiles : toute ambition sordide sera écartée d'avance, et le déclassement des aptitudes sera prévenu.

Du reste, que l'un ou l'autre système l'emporte dans la distribution des salaires, une fois ce point réglé, vient la question de l'emploi des bénéfices du travail commun.

Après le prélèvement du prix des salaires, de l'intérêt du capital, des frais d'entretien et de matériel, le bénéfice serait ainsi réparti :

Un quart pour l'amortissement du capital appartenant au propriétaire avec lequel l'État aurait traité :

Un quart pour l'établissement d'un fonds de secours destiné aux vieillards, aux malades, aux blessés, etc.;

Un quart à partager entre les travailleurs à titre de bénéfice, comme il sera dit plus tard;

Un quart enfin pour la formation d'un fonds de réserve dont la destination sera indiquée plus bas.

Ainsi serait constituée l'association dans un atelier.

Resterait à étendre l'association entre tous les ateliers d'une même industrie, afin de les rendre solidaires l'un de l'autre.

Deux conditions y suffiraient :

D'abord, on déterminerait le prix de revient; on fixerait, eu égard à la situation du monde industriel, le chiffre du bénéfice licite au-dessus du prix de revient, de manière à arriver à un prix uniforme et à empêcher toute concurrence entre les ateliers d'une même industrie;

Ensuite, on établirait dans tous les ateliers de la même industrie un salaire, non pas égal, mais proportionnel, les conditions de la vie matérielle n'étant pas identique sur tous les points de laFrance.

La solidarité ainsi établie entre tous les ateliers d'une même industrie, il y aurait enfin à réaliser la souveraine condition de l'ordre, celle qui devra rendre à jamais les haines, les guerres, les révolutions impossibles; il y aurait à fonder la solidarité entre toutes les industries diverses, entre tous les membres de la société.

Deux conditions pour cela sont indispensables :

Faire la somme totale des bénéfices de chaque industrie, et cette somme totale la partager entre tous les travailleurs.

Ensuite, des divers fonds de réserve dont nous parlions tout à l'heure, former un fonds de mutuelle assistance entre toutes les industries, de telle sorte que celle qui, une année, se trouverait en souffrance, fût secourue par celle qui aurait prospéré. Un grand capital serait ainsi formé, lequel n'appartiendrait à personne en particulier, mais appartiendrait à tous collectivement.

La répartition de ce capital de la Société entière serait confiée à un conseil d'administration placé au sommet de tous les ateliers. Dans ses mains seraient réunies les rênes de toutes les industries, comme dans la main d'un ingénieur nommé par l'État serait remise la direction de chaque industrie particulière.

L'État arriverait à la réalisation de ce plan par des mesures successives. Il ne s'agit de violenter personne. L'État donnerait son modèle : à côté vivraient les associations privées, le système économique actuel. Mais telle est la force d'élasticité que nous croyons au nôtre, qu'en peu de temps, c'est notre plus ferme croyance, il se serait étendu sur toute la société, attirant dans son sein les systèmes rivaux par l'irré-

sistible attrait de sa puissance. Ce serait la pierre jetée dans l'eau et traçant des cercles qui naissent l'un de l'autre, en s'agrandissant toujours.

Tel est, rapidement esquissé, le projet que nous soumettons à la discussion.

M. Wolowski. — Ainsi, l'État se borne à donner le mouvement au système; mais il est bien entendu que l'industrie privée garderait sa liberté d'action, et pourrait faire concurrence à vos ateliers?

M. Louis Blanc. — Assurément. Et celui des deux systèmes qui absorbera l'autre sera évidemment le plus fort, le plus moral, le plus utile à la société. Mais remarquez bien qu'il y aura, dès l'abord, un avantage immense pour les entrepreneurs particuliers à se ranger tout de suite du côté de notre système, car ils échapperaient par là aux chances de la lutte.

M. Charpentier, *délégué*. — Chaque industrie, dans votre système, ne formant plus qu'un corps, cette industrie ne pourrait-elle pas rançonner le consommateur? La consommation n'aurait plus, en effet, la garantie de la concurrence.

M. Louis Blanc. — Je répète que le prix de revient, dans chaque industrie, sera déterminé; puis, au-dessus du prix de revient, le bénéfice à recueillir. La garantie du consommateur sera le tarif. Ce ne sera plus la concurrence qui fixera les prix, ce sera la prévoyance de l'État : nous remplaçons le gouvernement du hasard par celui de la science.

M. Charpentier. — Le commerce, que deviendra-t-il?

M. Louis Blanc. — La société se composant d'une association de producteurs, le marchand ne serait plus qu'un agent associé à la production, ayant le même intérêt que le producteur, et ne pèserait plus, comme aujourd'hui, sur le producteur et sur le consommateur à la fois.

M. Wolowski. — Du moment que la liberté serait laissée aux industries qui existent aujourd'hui, il me semble qu'elles pourraient se maintenir en face des ateliers nationaux.

Ce que je craindrais, en effet, de voir, sinon disparaître, du moins s'affaiblir dans le système qui vient d'être exposé, c'est le ressort de l'activité individuelle, qui contribue si fortement à accroître la masse de la production. Or, pour améliorer le sort des classes laborieuses, il ne suffit pas que la répartition soit plus équitable, il faut surtout que la production soit considérablement augmentée. Le système qui vient d'être développé, loin d'accroître la production, me semble devoir plutôt la diminuer, en détendant ce ressort si puissant de l'activité individuelle. Ce système

a surtout, à mes yeux, le tort de ne pas s'adresser principalement à la production agricole, base de la société. C'est, avant tout, par l'augmentation de la production agricole que l'amélioration du sort des travailleurs peut être obtenue. Si la production agricole est développée, le riche, n'ayant qu'un estomac, ne consommera pas davantage; toute la part obtenue en plus profitera aux travailleurs, la répartition devant se faire d'ailleurs d'une manière plus équitable. En outre, le prix des matières premières diminuera d'autant, et l'industrie sera plus prospère.

M. Dupont-White. — Je ne vois pas pourquoi les améliorations agricoles précéderaient les améliorations industrielles. Le résultat serait une baisse dans le prix des substances alimentaires, et par contre-coup dans les salaires de l'industrie; de sorte que la situation des travailleurs se trouverait n'avoir pas changé. La réforme industrielle et la réforme agricole doivent marcher parallèlement.

M. Wolowski. — Je n'admets nullement que le prix des salaires se règle sur le prix des subsistances. Aux États-Unis, le prix des subsistances est très-bas, celui des salaires, très-haut; en France, le contraire a lieu : la règle du salaire, c'est le rapport entre l'offre et la demande. L'État peut et doit améliorer le sort des travailleurs, mais en respectant ce principe. Que l'État agisse, sur le travail offert, par le développement du capital intellectuel, de l'activité humaine; sur le travail demandé, par l'impulsion donnée à tous les grands travaux d'utilité publique, par l'amélioration des voies de communication, par le crédit, par tous les moyens, enfin, qui peuvent développer la masse des produits : c'est bien. Si la production augmente, et que le travail s'améliore, l'expression du rapport des deux termes changera au bénéfice du travailleur. Intervenons pour agir sur les deux termes du rapport; mais respect au principe de leur équilibre.

M. Vidal. — Selon M. Wolowski, c'est le principe de l'offre et de la demande qui règle le prix des salaires. A mes yeux, le rapport de l'offre à la demande est un *fait* et non point un *principe*. La loi de l'offre et de la demande qui régit toute l'économie, au dire de quelques écrivains, n'est, selon moi, que la théorie de la *force* et du *hasard*.

En *fait*, il est malheureusement vrai que tout est soumis aujourd'hui à cette loi brutale de l'offre et de la demande; mais il est souverainement *injuste* qu'il en soit ainsi. La loi de l'offre et de la demande est l'expression d'un fait incontestable; mais, combinée avec la doctrine du laisser faire, elle aboutit à la violation des droits les plus sacrés.

Cependant, le taux des salaires n'est pas toujours déterminé par le rapport de l'offre à la demande. Même aujourd'hui, cette loi injuste rencontre des exceptions.

Dans tous les services publics, dans toutes les administrations *organisées*, le travail n'est point mis au rabais, on n'adjuge point les emplois à la sous-enchère. L'organisation du travail doit précisément assurer à tout homme ce minimum de traitement que l'État garantit aux fonctionnaires, quel que soit le nombre des concurrents et des solliciteurs. L'organisation élèvera chaque travailleur au rang, à la dignité de fonctionnaire, elle lui garantira dans tous les cas l'aisance et la sécurité, elle le fera participer, en outre, aux bénéfices de la production. Elle neutralisera précisément le désastreux effet de l'offre et de la demande.

M. Wolowski a dit qu'il fallait augmenter la production; je suis de son avis; mais, tandis qu'il fait appel à l'individualisme pour multiplier la richesse, j'invoque, moi, l'union des forces, la puissance de l'association. L'égoïsme, l'intérêt personnel peuvent bien surexiter un moment les instincts ou provoquer des efforts; mais tout ce qui s'est fait de grand sur la terre a toujours été accompli au nom d'une idée ou au nom d'un sentiment. Ce sont les idées généreuses qui inspirent les grandes choses. On peut organiser le travail de telle sorte que l'émulation soit développée au plus haut degré, sans recourir à l'appât de l'intérêt individuel; on peut exalter le courage du travailleur jusqu'à l'enthousiasme, au nom du devoir, de la fraternité, de la justice; on peut trouver dans les mobiles purement moraux des stimulants de production bien autrement énergiques que les ressorts de l'individualisme ou de l'intérêt.

Mais nous examinons en ce moment les conditions fondamentales de l'association. Réservons ce sujet spécial des mobiles et des stimulants de l'activité humaine pour le jour où nous traiterons de l'organisation même du travail parmi les associés.

Nous verrons alors si le levier de l'individualisme et de la concurrence ne pourra pas être remplacé avec avantage par le ressort de l'émulation entre camarades, de la rivalité désintéressée. . .

M. Wolowski. — Pour moi, j'ai une telle confiance dans la liberté, non pas la liberté anarchique du laissez faire, telle qu'elle existe aujourd'hui, mais la liberté combinée avec l'association, en dehors de l'intervention constante, directe de l'État, que je crois fermement qu'elle saura se défendre elle-même et que l'avenir lui appartient. Définissons les mots, celui de liberté surtout. La grande révolution de 1789 nous a donné la liberté industrielle, améliorons-la, complétons-la; la supprimer n'est pas le moyen de corriger ses abus.

M. Louis Blanc. — Oui, définissons les mots : les mots mal définis sont l'origine de la plupart des querelles qui divisent les hommes. M. Wolowski vient de dire que la liberté se défendrait elle-même. Contre quoi? Contre le système d'association que nous proposons? Cela revient à dire que la liberté se défendrait contre la liberté, car

notre système a précisément pour but de réaliser la liberté. Nous sommes partis de ce point qu'il n'y a pas de liberté toutes les fois qu'il y a inégalité; et pourquoi? Par cette raison bien simple que, toutes les fois que les forces sont inégales, la lutte conduit nécessairement à une victoire et à une défaite. Eh bien! le vaincu est-il libre? Non! il est opprimé. Par conséquent, lorsque nous disons qu'il faut que le faible et le fort s'associent dans un sentiment de fraternité, nous demandons précisément la liberté, LA LIBERTÉ POUR TOUS!

On parlait tout à l'heure de la révolution et de la liberté qu'elle nous avait donnée : cette liberté existerait en effet, si la devise que la révolution avait écrite sur son drapeau avait été réalisée. En quoi consiste cette devise? Dans l'union — union d'une profondeur admirable — de ces trois mots : Liberté, Égalité, Fraternité. Oubliez-en un, les autres n'ont plus de signification. Dites la liberté seulement, et vous arrivez à ceci : les hommes ne s'aiment pas; chacun pour soi; la lutte s'engage; les uns triomphent, les autres sont vaincus; plus de liberté. Pour qu'elle existe, il faut la mettre dans l'égalité; et pour que l'égalité elle-même se maintienne, il faut la sanctifier par le sentiment de la fraternité.

Ainsi, Liberté, Égalité, Fraternité, tâchons de réaliser cette devise sublime; et voyons si le système que nous proposons la réalise.

Que voulons-nous? qu'on sorte, par l'association, d'un régime :

CONTRAIRE À LA LIBERTÉ, puisque le plus faible y succombe sous le poids de forces supérieures aux siennes;

CONTRAIRE À L'ÉGALITÉ, puisque la concurrence se pourrait définir : l'inégalité en mouvement;

CONTRAIRE ENFIN À LA FRATERNITÉ, puisque la concurrence c'est la guerre.

Et ici, nous n'invoquons pas seulement le principe de la justice; nous parlons au nom de l'intérêt social.

M. Woloswki chercherait volontiers la solution du problème dans l'accroissement de la richesse générale, et surtout de la richesse agricole. Mais il ne suffit pas que la production augmente, pour que le pauvre échappe au danger de mourir de faim : il faut qu'une répartition équitable et bien ordonnée fasse arriver jusqu'à lui la richesse accrue

Je vais plus loin : cet accroissement de la richesse que M. Wolowski demande rien n'est plus propre à l'arrêter que la concurrence. Qu'est-ce autre chose qu'une interminable série de chutes? qu'un entassement quotidien de ruines? Qu'est-ce autre chose qu'un champ clos où s'usent d'une manière incessante, au milieu d'un gaspillage universel et aveugle, toutes les forces vives de l'industrie? Si l'on pouvait faire la somme des déperditions de richesses que, sous le nom menteur de la li-

berté, la concurrence entraîne chaque jour, à chaque heure, sur chaque point de la France, on reculerait épouvanté.

Donc justice, intérêt social, véritable économie politique, tout concourt à condamner le régime actuel et à montrer la voie qui conduit au port. C'est que, lorsqu'une solution est bonne, elle l'est sous tous les aspects : la vérité n'est jamais à moitié vraie.

M. Volowski. — M. Louis Blanc ne comprend pas la liberté séparée des deux autres termes de la grande devise de la révolution. Je suis complétement de son avis, car quand je parle du ressort de la liberté individuelle, je suis loin de vouloir parler de l'égoïsme : la liberté, telle que je la comprends, c'est la toute-puissance de l'activité personnelle. L'égalité, telle que je la demande, ce n'est pas le niveau. L'égalité admet des diversités de récompense, suivant la diversité des services rendus. La fraternité est le lien qui relie toute la société par le sentiment de la bienveillance mutuelle.

M. Toussenel. — Je demanderai à M. Wolowski ce que les économistes entendent par la *liberté* et la *concurrence?*

M. Wolowski. — La concurrence est ce que nous voyons aujourd'hui, c'est-à-dire des travailleurs qui se précipitent à l'envi pour se disputer une masse insuffisante de travail. De là, baisse du salaire, et misère. Mais la liberté est dans la distribution équitable des fruits du travail, dans l'assurance de ne jamais manquer du nécessaire.

M. Louis Blanc. — C'est précisément parce que vous admettez qu'il n'y a pas de liberté là où il est possible qu'un homme de bonne volonté meure de faim, et que tout homme qui demande du travail a le droit d'en recevoir; c'est précisément à cause de cette communauté de sentiment entre nous, que je m'étonne de vous voir repousser un système dont le but est de faire triompher nos communes espérances. Ce système vous paraît-il ne pas devoir réaliser ces principes sur lesquels nous sommes d'accord, attaquez-le comme ne répondant pas à ces principes, mais ne l'attaquez pas au nom de ce principe qui lui sert de base.

M. Wolowski. — Je crains que votre système ne détruise la liberté, telle que je l'entends, c'est-à-dire le développement de toute l'activité individuelle, et qu'en affaiblissant, je le répète, ce ressort si puissant, il ne diminue la masse de la production.

M. Louis Blanc. — Oui, sans doute, l'émulation est nécessaire; mais l'émulation tirée de l'intérêt personnel, c'est de l'individualisme; stimulant énergique, je ne le nie pas, mais stimulant funeste. Faut-il donc admettre tous les stimulants par cela seul qu'ils ont de la puissance? l'homme qui tue pour se venger obéit aussi à un

mobile énergique. quelle force n'a pas le mobile qui pousse les voleurs de grand chemin à assassiner le passant, au risque de la guillotine ? Ne jugeons pas les stimulants par leur puissance, mais par leur moralité. Plus un stimulant a de force, plus il est funeste s'il est immoral.

Eh bien! l'émulation de l'individualisme, que produit-elle? Des ruines. Nous ne voulons pas de ce genre d'émulation. Nous croyons, ainsi que vous le disait tout à l'heure M. Vidal, nous croyons qu'il y a une émulation plus élevée, plus féconde, celle qui est tirée du sentiment de l'amour du bien; celle qui pousse les armées au-devant de la mort, non par intérêt, à coup sûr, mais parce qu'une voix crie: la patrie est en dânger! Non! notre système ne tue pas l'émulation : il en change le caractère. Par l'émulation que nous voulons créer, ce que l'un gagnera, l'autre ne le perdra pas; une ruine ne sera pas la compensation d'un succès.

M. Chapelle. — Quelle sera la récompense du travailleur qui se sera distingué par son activité?

M. Louis Blanc. — L'estime, l'honneur, la récompense du soldat sur le champ de bataille.

M. Toussenel. — M. Wolowski a insisté sur l'augmentation de la production agricole. Cette augmentation n'est possible que par l'association. Je citerai l'exemple de la Suisse, des provinces rhénanes, pays que la nature à faits pauvres, que l'association a faits riches Là, en effet, existent des banques agricoles qui donnent aux cultivateurs les moyens de se procurer les machines dont ils ont besoin. L'intervention de l'État peut seule, chez nous, tirer l'agriculture de son état de malaise.

M. Wolowski. — Intervention de l'État seul dans toutes les industries passives, telles que les assurances, le crédit territorial, d'accord; mais, pour les industries productives, que l'activité individuelle ne soit pas exclue, voilà mon principe.

M. Vidal. — Il ne s'agit point de transformer directement l'État en producteur universel, mais tout simplement de le faire intervenir pour commanditer le travail, pour assurer aux ouvriers qui n'ont point de capitaux cette liberté dont vous parliez tout à l'heure. Pour être libre, il ne suffit pas d'avoir le droit de développer ses facultés, il faut en avoir les moyens ou le pouvoir. L'État mettrait précisément au service des travailleurs les moyens de devenir vraiment et complétement libres.

M. Wolowki croit que le capital, comme la lance d'Achille, guérira les blessures qu'il a faites. Oui, mais à la condition qu'il change de mains. Si l'État fournit le crédit aux ouvriers, le capital social, sans doute, pourra guérir les blessures que le capital individuel et la concurrence ont faites aux classes laborieuses, mais cela sup-

pose un ordre nouveau, un complet changement dans les relations de travailleur à capitaliste.

Il est bien entendu que l'association que nous proposons sera purement volontaire. Nous ne voulons point recruter de force les travailleurs et les enrôler malgré eux. Nous offrons aux ouvriers les moyens de s'associer, de travailler pour eux-mêmes; nous les mettons en état de développer complétement leur activité, leur liberté, à côté de leurs égaux, de leurs frères. Et comme nous pensons qu'il faut tout combiner, diriger et organiser, nous mettons à la tête de ces ouvriers un ingénieur qui les aide à bien faire; qui, par ses conseils et par ses connaissances spéciales, les empêche de mal faire.

On a parlé de production illimitée. L'essentiel n'est pas de produire à l'excès, mais de produire en vue des besoins de la consommation. Tout ce qu'on produirait au delà, serait déperdition de forces et de capitaux, et non pas accroissement de richesse. Par l'organisation, on peut équilibrer les besoins et les moyens, proportionner toujours l'offre à la demande, arriver à la stabilité des prix, supprimer la concurrence, élever le prix du travail, réaliser la liberté pour tous, l'égalité et la fraternité.

M. Le Play. — Les mines de fer de la Hongrie, celles du Hartz, sont organisées d'après ces principes. Les résultats sont on ne peut plus favorables au système de l'association. Le principe de la hiérarchie des fonctions y est admis.

M. Duveyrier. — Le salaire est-il le même pour tous?

M. Le Play. — Non! mais le salaire est le même pour les ouvriers de chaque catégorie. Le Hartz, plateau stérile, serait inhabitable sans les heureux effets de l'association; une population de 50,000 habitants y vit heureuse dans ce système. Les mines de la Russie sont exploitées d'après les mêmes principes. Un officier, nommé par l'empereur, y veille à leur fidèle application. J'ai fait le bilan d'un ménage de serf russe employé aux travaux des mines; j'ai fait le bilan d'un ménage d'ouvrier français dans des conditions passables, et, je le dis à regret, j'ai trouvé que le serf russe était incomparablement mieux traité que l'ouvrier de France.

M. Louis Blanc. — Ces faits sont très-précieux; la seule objection qu'on puisse faire à notre système, dont la logique me paraît irréfutable, serait tirée de sa nouveauté. Si donc, à côté des principes, nous avions à placer des exemples, nos arguments seraient sans réplique.

M. Le Play. — Je n'ose affirmer que pour toutes les industries l'application de ce système soit possible; mais ce que j'affirme, c'est que, pour l'industrie des mines, que je connais spécialement, l'application serait aussi facile qu'avantageuse.

A la suite de ce débat important, M. Bernard, délégué des ouvriers menuisiers, prend la parole pour expliquer tous les inconvénients du marchandage et faire observer que le décret du 2 mars n'étant pas partout exécuté, une sanction est nécessaire.

M. Chapelle, se félicite hautement, au nom des patrons dont il est un des délégués, de rencontrer dans la discussion des ouvriers d'un esprit aussi conciliant et aussi éclairé.

M. Louis Blanc lève la séance après avoir fait ressortir tout ce qu'il y avait de fécond pour l'avenir dans cet heureux accord, résultat naturel, d'ailleurs, du rapprochement des intérêts divers, sans l'influence d'un désir de justice et de paix.

Imprimerie nationale. — Mars 1848.

www.ingramcontent.com/pod-product-compliance
Lightning Source LLC
LaVergne TN
LVHW052033160826
845678LV00003B/1317

* 9 7 8 2 3 2 9 6 3 8 3 8 6 *